PRAKTISCHE TIPPS FÜR KÜCHEN UND BADEZIMMER

PRACTICAL IDEAS FOR KITCHENS & BATHROOMS

IDÉES PRATIQUES POUR CUISINES ET SALLES DE BAINS

PRAKTISCHE IDEEËN VOOR KEUKENS EN BADKAMERS

F K G

Editorial project:
2008 © **LOFT Publications**
Via Laietana, 32, 4.°, Of. 92
08003 Barcelona, Spain
Tel.: +34 932 688 088
Fax: +34 932 687 073
loft@loftpublications.com
www.loftpublications.com

Art director:
Mireia Casanovas Soley

Editorial coordination:
Simone Schleifer

Texts:
LOFT Publications

Layout:
Conxi Papió

Translations coordination:
Equipo de Edición, Barcelona
Translations: Katrin Kügler (German), Éditions 360 (French),
Persklaar (Dutch)

ISBN 978-84-96936-89-8

Printed in China

PRAKTISCHE TIPPS FÜR KÜCHEN UND BADEZIMMER

PRACTICAL IDEAS FOR KITCHENS & BATHROOMS

IDÉES PRATIQUES POUR CUISINES ET SALLES DE BAINS

PRAKTISCHE IDEEËN VOOR KEUKENS EN BADKAMERS

F K G

Das Badezimmer hat sich während seiner Entwicklungsgeschichte an die unterschiedlichsten Bedürfnisse der jeweiligen Epochen und Kulturen angepasst. Mit dem technischen Fortschritt wurden neue Formen, Materialien, Funktionen und Stile eingeführt. In jüngster Zeit werden im Badezimmer traditionelle Materialien mit innovativen, hochresistenten und pflegeleichten Beschichtungen kombiniert und dabei die neuesten technologischen Entwicklungen eingesetzt. Ebenso hat sich im Laufe der Zeit die Funktion der Küche gewandelt. In einer modernen Küche wird den verschiedenen Funktionen ein eigener Bereich zugeordnet. So können die verschiedenen Zonen unabhängig voneinander genutzt werden, wobei für Mahlzeiten und Zusammenkünfte ein eigener Bereich reserviert wird. Die heutige Küche bietet genügend Raum, um die Zubereitung ebenso wie die Einnahme von Mahlzeiten zu einem Vergnügen zu machen. In diesem Band wird eine große Auswahl verschiedener Designs präsentiert, die einen Überblick über die aktuellen Trends sowie Beispiele origineller und ungewöhnlicher Designmöglichkeiten geben soll.

Bathrooms have undergone a complete transformation over the course of history by evolving along with the customs and characteristics of each era and culture. Technological advances have led to new models, materials, concepts and styles. The latest designs opt for a combination of traditional materials and innovative, highly resistant cladding that is easy to maintain, without neglecting the latest technological breakthroughs in installations. Also the role of the kitchen has evolved with the passing of time. The new concept of the kitchen assigns each of its tasks to a different area. In this way, every zone can be used in comfort while a space is reserved for gatherings and meals. Today's kitchen designs favor bright, comfortable spaces where preparing food and sitting down to eat become a real pleasure. This book gathers works, included among a wide range of designs that contribute a general overview of current trends and particular examples of original and unusual s.

Les salles de bains ont beaucoup évolué ces dernières années, suivant les modes et pratiques culturelles propres à chaque période de l'histoire. Le progrès technologique a donné lieu à de nouveaux matériaux, concepts et styles. Les modèles récents optent pour une combinaison de matières traditionnelles et innovantes, comme les revêtements ultra-résistants et faciles d'entretien, sans oublier les dernières trouvailles technologiques en matière d'agencement. Le rôle de la cuisine a lui aussi évolué avec le temps. Les agencements avant-gardistes dédient un espace spécifique à chaque tâche. Ainsi, on privilégie le confort et un espace distinct est réservé aux repas. Dans les cuisines actuelles, on privilégie les couleurs vives et les beaux volumes, pour que la préparation et la prise des repas devienne un plaisir. Cet ouvrage recense de très nombreuses réalisations, pour vous donner un aperçu des tendances actuelles, avec des exemples de design originaux.

Badkamers hebben in de loop van de geschiedenis een complete metamorfose ondergaan doordat ze veranderden met de gebruiken en kenmerken van successieve tijdperken en culturen. Technologische vernieuwingen leidden tot nieuwe modellen, materialen, concepten en stijlen. De recentste ontwerpen behelzen een combinatie van traditionele materialen en innovatieve, zeer resistente bekleding die gemakkelijk is in het onderhoud, zonder de laatste technologische doorbraken op het gebied van installaties te negeren. Met het voortschrijden van de tijd veranderde ook de rol van de keuken. In de nieuwe opvatting van de keuken heeft elke culinaire taak een eigen plek. Zodoende kan elk gedeelte comfortabel worden gebruikt terwijl er een ruimte wordt gereserveerd voor samenzijn en maaltijden. Moderne keukenontwerpen vertonen een voorliefde voor lichte, comfortabele ruimten waar de voedselbereiding en het eten een waar genoegen vormen. Dit boek brengt creaties bijeen die een scala van ontwerpen omvatten en daarmee een goed overzicht bieden van moderne trends, met bijzondere voorbeelden van originele en ongewone ontwerpen.

BADEZIMMER
BATHROOMS
SALLES DE BAINS
BADKAMERS

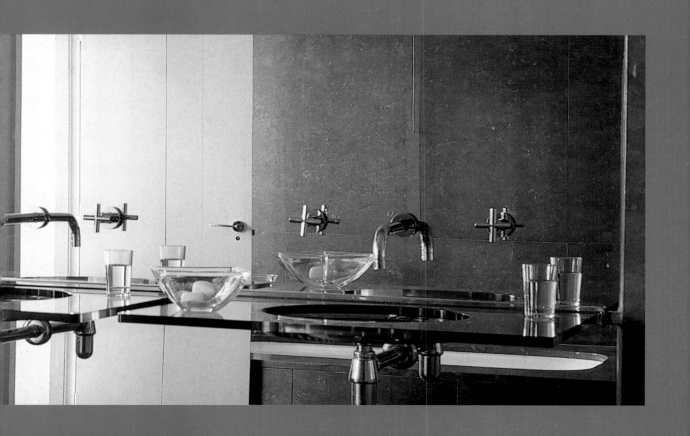

BADEZIMMER - TYPEN

In den letzten Jahren werden Badezimmer zunehmend als Orte der Ruhe und Entspannung verstanden. Hierbei spielt die Größe des Raumes keine Rolle, da heute dank der Kombinationsmöglichkeiten von traditionellen und innovativen Materialien unzählige Einrichtungsmöglichkeiten bestehen.

TYPES OF BATHROOMS

In recent years, the idea of a bathroom as a space for relaxing and resting has become increasingly popular. The dimensions do not matter, because these days the combination of traditional and innovative materials make possible all types of decorative solutions.

TYPES DE SALLES DE BAINS

Ces dernières années, la salle de bains est devenue un espace de détente et de repos. Quelle que soit sa taille, la combinaison de matériaux innovants et traditionnels offre un large éventail de solutions en matière de décoration.

BADKAMERTYPEN

De laatste jaren heeft het idee van de badkamer als ruimte om je te ontspannen en tot rust te komen aan populariteit gewonnen. De afmetingen doen er niet toe, want tegenwoordig maakt de combinatie van traditionele en nieuwe materialen allerlei decoratieve oplossingen mogelijk.

Geschlossene Badezimmer
Closed bathrooms
Salles de bains fermées
Gesloten badkamers

Offene Badezimmer
Open bathrooms
Salles de bains ouvertes
Open badkamers

Schlafzimmer mit integriertem Badezimmer
Bathrooms inside a bedroom
Salles de bains dans les chambres
Badkamers in een slaapkamer

Geschlossene Badezimmer

In Badezimmern ohne oder mit nur wenig Tageslicht ist die Anwendung von Glas empfehlenswert. Milchglas schafft eine intime Atmosphäre, transparentes Glas gibt dem Raum mehr Tiefe. Maßgefertigte Möbel erlauben größtmögliche Ausnutzung des verfügbaren Platzes.

Closed bathrooms

Glass is most suited to bathrooms with no good source of natural light. For an intimate setting, the ideal solution is opaque glass. However, transparent glass will provide much greater depth. Furthermore, made-to-measure furniture will take maximum advantage of the space.

Salles de bains fermées

Le verre est la solution idéale pour les salles de bains ne disposant pas de source de lumière naturelle. Pour un décor intime, optez pour du verre opaque, même si le verre transparent offre davantage de profondeur. Pour optimiser l'espace, les meubles sur mesure représentent le compromis idéal.

Gesloten badkamers

Glas is het geschiktst voor badkamers die geen goede bron van natuurlijk licht hebben. Voor een intieme sfeer is de ideale oplossing ondoorschijnend glas. Transparant glas levert echter veel meer diepte op. Bovendien wordt met op maat gemaakte meubels de ruimte optimaal benut.

© Eugeni Pons

© Kirsty Kriegel

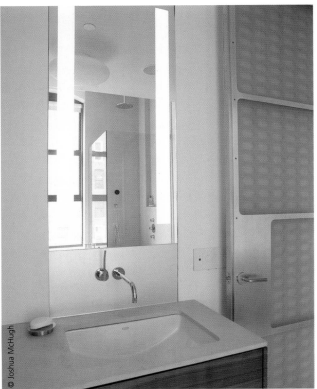

© José Luis Hausmann

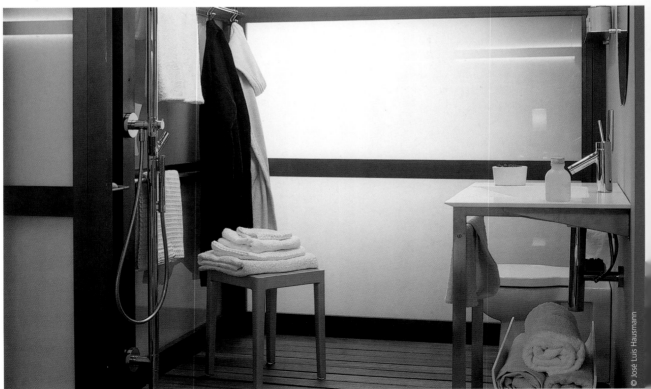

© José Luis Hausmann

© Eugeni Pons

NEIN / NO / NON / NEE

- Zu großen Schränken, die zwar reichlich Stauraum bieten, aber einen großen Teil des Raumes beanspruchen.
- Zum übermäßigen Einsatz von Fliesen, ungeachtet ihrer weit verbreitet Anwendung.

- To big closets, which make it possible to store all types of complements but take up a great deal of space.
- To the predominance of tiles in a bathroom, despite their widespread use.

- Aux grands placards, qui offrent une grande capacité de rangement mais occupent trop d'espace.
- À la prédominance de carreaux, même s'ils sont couramment utilisés.

- Tegen grote kasten, die het wel mogelijk maken allerlei aanvullende elementen op te bergen, maar ruimte vreten.
- Tegen het overheersen van tegels in een badkamer, ondanks het wijdverbreide gebruik hiervan.

JA / YES / OUI / JA

- Zu Armaturen und Spiegeln als grundlegende Elemente. Seifenschalen und Handtuchschränke tragen zu mehr Ordnung bei.
- Zu Licht reflektierendem Aluminium und transparenten bzw. lichtdurchlässigen Glastüren.

- To faucets and a mirror as fundamental elements. Soap dishes and towel closets will help you maintain order.
- To aluminum and transparent glass doors that will allow more light in.

- Aux éléments clés, comme la robinetterie et le miroir. Porte-savon et porte-serviettes vous aideront à gagner de l'espace.
- Aux cloisons en aluminium et verre transparent, qui laissent passer davantage de lumière.

- Tegen kranen en een spiegel als basiselementen. Zeephouders en kasten voor handdoeken helpen de orde te bewaren.
- Tegen deuren van aluminium en transparant glas, die meer licht toelaten.

Offene Badezimmer

Bis vor wenigen Jahren galt es als sehr unkonventionell, wenn nicht als undenkbar, ein offenes Badezimmer zu haben. Ein offenes Badezimmer ist normalerweise klein und vor allem funktionell. Auch deshalb herrscht beim Design von Badezimmereinrichtungen großer Erfindungsreichtum - das Ergebnis sind originelle und moderne Konzepte.

Open bathrooms

Until just a few years ago, the idea of an open bathroom was unconventional and almost unimaginable. An open bathroom is usually small in size and above all, very functional. For this reason, the design of bathroom equipment has become ever more ingenious, original and modern.

Salles de bains ouvertes

Il y a encore quelques années, l'idée d'une salle de bains ouverte était presque inconcevable. Souvent petite et surtout très fonctionnelle, cette configuration nécessite un design de l'équipement sanitaire ingénieux, moderne et original.

Open badkamers

Tot enkele jaren geleden was het idee van een open badkamer bijna onvoorstelbaar. Een open badkamer is gewoonlijk klein, maar zeer functioneel. Daarom is het ontwerp van de badkamerinrichting ingenieuzer, origineler en moderner geworden.

© Luis Asín

© Eduardo Consuegra

© Joshua McHugh

© José Luis Hausmann

Quadratische, rechteckige und runde
Waschbecken lösen nach und nach die
klassische ovale Form ab.

Square, rectangular and round
washbasins are gradually taking over
from the classic oval models.

Les vasques de lavabo carrées,
rectangulaires et rondes remplacent peu
à peu les traditionnels modèles ovales.

Vierkante, rechthoekige en ronde
wasbassins vervangen geleidelijk de
klassieke ovale modellen.

Eine Kombination verschiedener Stile in
einem einzigen Raum betont den
individuellen Stil der Bewohner.

A combination of styles in a single room
reflects the personality of the home's
occupant.

Le mélange des styles à l'intérieur d'une
pièce reflète la personnalité de
l'occupant des lieux.

Een combinatie van stijlen in één vertrek
weerspiegelt de persoonlijkheid van de
bewoner des huizes.

23

NEIN / NO / NON / NEE

- Zu behandelten, feuchtigkeitsbeständigen Parkettböden.
- Zu Kombinationen topmoderner Armaturen mit klassischen Marmorwaschbecken.

JA / YES / OUI / JA

- Zu Waschbecken aus Porzellan, Glas und Holz in Kombination mit modernen Armaturen.
- Zu Wandfliesen in hellen Tönen, die zu besseren Lichtverhältnissen beitragen.

- To a parquet floor specially treated to prevent damp.
- To faucets with a cutting-edge design in combination with a marble washbasin.

- To porcelain, glass and wood washbasins with modern faucets.
- To pale-colored tiles on the walls, as they enhance luminosity.

- Aux parquets avec revêtement anti-humidité.
- À une robinetterie ultra-design associée à une vasque en marbre.

- Aux vasques en porcelaine, verre ou bois avec robinetterie moderne.
- Aux carreaux de teinte pastel sur les murs, qui ajoutent de la luminosité.

- Tegen een parketvloer die speciaal is behandeld om vochtigheid te voorkomen.
- Tegen kranen met een avant-gardistisch design in combinatie met een marmeren wasbassin.

- Tegen porseleinen, glazen en houten wasbassins met moderne kranen.
- Tegen lichtgekleurde tegels aan de muren, omdat ze de helderheid bevorderen.

Schlafzimmer mit integriertem Badezimmer

Die Größe des Bades, die zum Teil von der Größe des Schlafzimmers abhängt, ist ebenso wie die Beleuchtung ein wichtiger Aspekt. Berücksichtigt werden muss dabei, dass die Helligkeit eines Raumes auch von den verwendeten Materialien abhängt.

Bathrooms inside a bedroom

The most important thing is to find the most appropriate layout, which partly depends on the size of the room. Lighting is another basic element when it comes to decoration. It should also be remembered that materials will also determine the amount of light that enters the space.

Salles de bains dans les chambres

L'important est de trouver la disposition la plus appropriée, ce qui dépend en grande partie de la taille de la chambre. L'éclairage est aussi un autre élément fondamental en matière de décoration. N'oubliez pas que le choix des matériaux déterminera aussi la quantité de lumière qui pénètrera dans la pièce.

Badkamers in een slaapkamer

Het belangrijkste is de geschiktste indeling te vinden, die ten dele van de omvang van de kamer afhangt. Belichting is ook een fundamenteel element als het om de decoratie gaat. Bedacht moet ook worden dat materialen de hoeveelheid licht die de ruimte binnenkomt mede bepalen.

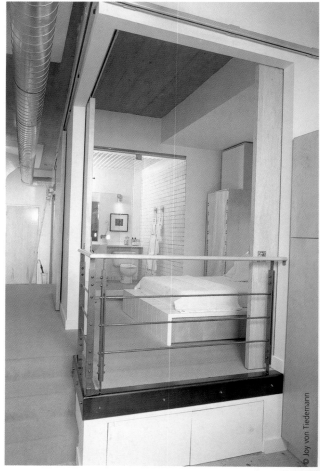

© Joy von Tiedemann

© Eduardo Consuegra, Pablo Rojas

© Alfonso Postigo

© Alfonso Postigo

© Nuria Fuentes

© José Luis Hausmann

© José Luis Hausmann

© José Luis Hausmann

© José Luis Hausmann

Kleine Badezimmer

Moderne Wohnungen enthalten meist kleine Badezimmer, daher sollten ungenutzte Ecken vermieden und eine helle Einrichtung gewählt werden. Aluminium und Glas verstärken den Eindruck von Geräumigkeit.

Small bathrooms

Bathrooms in modern homes tend to be small. It is vital to avoid dead spaces in the corners, in order to exploit the maximum possibilities. Remember that it is best to opt for pale-colored furniture in a small bathroom. Aluminum and glass also contribute a sense of spaciousness.

Petites salles de bains

Dans les maisons modernes, la tendance est aux petites salles de bains. Il est primordial d'éviter les volumes perdus, de façon à optimiser l'espace. N'oubliez pas qu'il vaut toujours mieux opter pour des meubles de couleur claire dans une petite salle de bains. L'aluminium et le verre contribuent aussi à donner une sensation d'espace.

Kleine badkamers

Badkamers in moderne huizen zijn vaak klein. Het is belangrijk dode ruimten in de hoeken te voorkomen, zodat alle ruimte optimaal benut wordt. Voor een kleine badkamer kun je het beste lichtgekleurde meubels kiezen. Aluminium en glas dragen ook bij aan een gevoel van ruimte.

© José Luis Hausmann

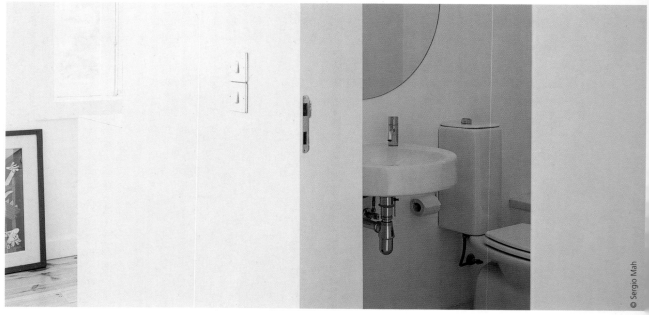

© Sergio Mah

© Jordi Miralles

© Jordi Miralles

NEIN / NO / NON / NEE

- Zu dunkel gestrichenen Wänden, die den Raum kleiner wirken lassen und zu einer kühlen Atmosphäre beitragen.
- Zu Schränken und anderen Möbelstücken, die nicht unbedingt notwendig sind.

- To dark colors on walls, because they make the room look smaller and colder.
- To unnecessary closets and equipment, because they reduce functionality and restrict space.

- Aux murs de couleur sombre, qui rendent la pièce triste et froide.
- Aux placards et aux éléments inutiles, qui réduisent la fonctionnalité et rapetissent la pièce.

- Tegen donkere kleuren op muren, omdat de kamer daardoor kleiner en kouder aandoet.
- Tegen onnodige kasten en meubels, omdat ze de functionaliteit verminderen en de ruimte verkleinen.

JA / YES / OUI / JA

- Zu kleinen gerahmten Spiegeln, die einen lebendigen Kontrast zur restlichen Badezimmerausstattung bilden.
- Zu Fliesen im Duschbereich, die durch ihre wasserabweisende Eigenschaft besonders praktisch sind.

- To small mirrors with a frame, to set up a visual contrast with the bathroom equipment.
- To tiles in the shower area, as they are designed to resist contact with water.

- Aux petits miroirs avec cadre, qui présentent un contraste idéal avec l'équipement de la salle de bains.
- Aux douches carrelées qui résistent mieux au contact de l'eau.

- Tegen kleine spiegels met een lijst, om een visueel contrast met de badkamerinrichting te creëren.
- Tegen tegels in het douchegedeelte, aangezien ze waterafstotend zijn.

STILE, MATERIALIEN, BELEUCHTUNG UND FARBWAHL

Topmorderne Badezimmer, die den neusten Trends folgen, erhalten durch die Kombination traditioneller und innovativer Materialien eine einzigartige, individuelle Note. Die Beleuchtung sowie eine persönliche Farbauswahl runden das dekorative Gesamtbild des Raumes ab.

STYLES, MATERIALS, LIGHTING, AND COLOR

The latest trends enable you to achieve cutting-edge bathrooms that can become personal and unique. The combination of traditional and innovative materials makes this possible. Lighting and your choice of colors will add the finishing touches to the decoration of the bathroom.

STYLES, MATÉRIAUX, ÉCLAIRAGE ET COULEURS

Les dernières tendances vous permettent de réaliser des salles de bains ultra-modernes avec une personnalité unique, ce qui est facilité par la combinaison de matériaux traditionnels et innovants. Le choix de l'éclairage et des couleurs apportera la touche finale à la décoration de votre salle de bains.

STIJLEN, MATERIALEN, VERLICHTING EN KLEUR

De laatste trends stellen je in staat avant-gardistische badkamers te creëren die uniek en toch persoonlijk zijn. De combinatie van traditionele en nieuwe materialen maakt dit mogelijk. Verlichting en kleurkeuze zorgen voor de finishing touch van de badkamerdecoratie.

Stile
Styles
Styles
Stijlen

Materialien
Materials
Matériaux
Materialen

© José Luis Hausmann

Beleuchtung und Farbwahl
Lighting and color
Éclairage et couleurs
Verlichting en kleur

Stile

Bei der Einrichtung eines Badezimmers ist es unerlässlich, sich für einen bestimmten Stil zu entscheiden. Es steht eine große Palette verschiedener attraktiver Stile zur Auswahl. Am beliebtesten ist hierbei die Kombination von klassischen mit innovativen Komponenten.

Styles

When it comes to decorating a bathroom, it is vital to be clear about the style you want. There is a wide range of possible decorative styles, but none is better than the others. The most usual option consists of a combination of classical elements with more innovative features.

Styles

Lorsque vous décorez votre salle de bains, il est important de savoir quel style vous souhaitez privilégier. Il existe une vaste palette de possibilités, la solution la plus souvent adoptée consiste à associer des éléments classiques à quelques caractéristiques plus innovantes.

Stijlen

Als het om de decoratie van een badkamer gaat, is het van groot belang dat je goed weet welke stijl je wilt. Er is een heel scala aan decoratieve stijlen, maar er is er niet een beter dan de rest. De meest gebruikelijke optie is een combinatie van klassieke en innovatievere elementen.

© Duravit

© Duravit

© Margherita Spiluttini

Minimalistische Badezimmer

Dieser Stil erfreut sich momentan außerordentlicher Beliebtheit. Wichtigster Grundsatz ist hier, jegliche Übertreibungen und unnötigen Zierrat zu vermeiden. Das Motto der minimalistischen Designer lautet „weniger ist mehr". Es wird also versucht, keinerlei überflüssige Elemente zu verwenden.

Minimalist bathrooms

This is the predominant style at the moment. Its basic premise is the avoidance of any excess of complements and unnecessary adornments. The motto of minimalist designers is "less is more", in short, minimalist decoration tries to do away with anything that is superfluous.

Salles de bains minimalistes

C'est le style le plus en vogue actuellement. La règle de base : éviter l'excès d'accessoires et les ornements superflus. Le mot d'ordre des décorateurs d'intérieur minimalistes : « less is more ». En bref, la décoration épurée renonce à tout ce qui est superflu.

Minimalistische badkamers

Minimalisme is momenteel de overheersende stijl. Het uitgangspunt hierbij is het vermijden van een teveel aan aanvullende elementen en onnodige versieringen. Het motto van minimalistische designers luidt 'minder is meer'. Bij minimalistische decoratie verdwijnt kortom alles wat overbodig is.

© Nuria Fuentes

Der minimalistische Stil orientiert sich
stark an östlicher, besonders japanischer
Kunst.

Minimalism is strongly influenced by
Oriental art, especially that of Japan

Le minimalisme est sous l'influence de
l'art oriental, notamment japonais.

Minimalisme wordt sterk beïnvloed door
oosterse kunst, met name die van Japan.

© Nuria Fuentes

Dieses Badezimmer besteht lediglich aus
dem wichtigsten Komponenten; dabei
wurde vollkommen auf ausschließlich
schmückende, funktionslose Details
verzichtet.

This bathroom is made up of basic
elements, avoiding decorative details
with no purpose.

Cette salle de bains se contente des
éléments incontournables, évitant tout
détail décoratif superflu.

Deze badkamer bestaat uit
basiselementen, waarbij overbodige
decoratieve details zijn vermeden.

Minimalistisch eingerichtete Badezimmer
erfreuen sich in jüngster Zeit immer
größerer Beliebtheit.

Minimalism is becoming popular in the
decoration of bathrooms.

Le minimalisme est un style en vogue
pour la décoration des salles de bains.

Minimalisme wordt populair in de
decoratie van badkamers.

© Fabien Baron

© Fabien Baron

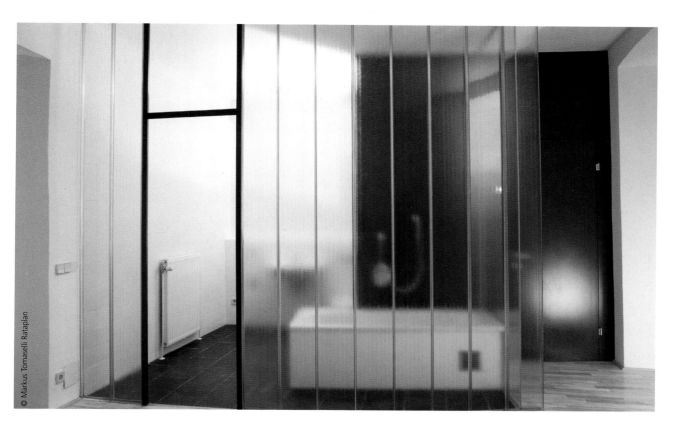

NEIN / NO / NON / NEE

- Zu großen Schränken, die viel Platz beanspruchen.
- Zu übertriebenem Einsatz überflüssiger dekorativer Elemente.
- Zum Bidet, das in Badezimmern immer seltener gesehen wird.

- To big closets that take up too much space.
- To any excess of useless decorative elements.
- To the bidet, which is now used less and less.

- Aux grands placards qui prennent toute la place.
- À l'excès d'éléments décoratifs superflus.
- Au bidet, de moins en moins utilisé.

- Tegen grote kasten die te veel ruimte in beslag nemen.
- Tegen elke overdaad aan nutteloze decoratieve elementen.
- Tegen het bidet, dat nu steeds minder wordt gebruikt.

JA / YES / OUI / JA

- Zu ansprechendem Design so wichtiger Elemente wie Badewanne, Dusche und Waschbecken.
- Zu neutralen Farben wie Weiß und Creme, die zur Hervorhebung von Kontrasten dienen.

- To the bathtub or shower and the washbasin. Indispensable basic elements.
- To neutral colors like white and cream, as they serve to emphasize contrasts.

- À la baignoire/douche avec lavabo. Les indispensables éléments de base.
- Aux couleurs neutres comme le blanc ou le crème, qui permettent de jouer sur les contrastes.

- Tegen de badkuip of douche en de wastafel. Onmisbare basiselementen.
- Tegen neutrale kleuren zoals wit en crème, omdat ze dienen om contrasten te benadrukken.

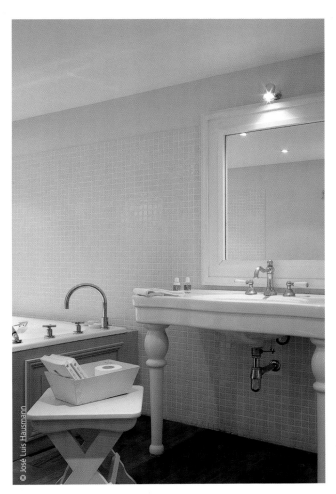

© José Luis Hausmann

Romantische Badezimmer

Der romantische Stil ist durch Nüchternheit, Eleganz und Raffinesse gekennzeichnet. Um diesen Effekt zu erzielen, wird auf traditionelle Einrichtungsgegenstände und Accessoires zurückgegriffen und weitgehend auf innovative Elemente verzichtet. Antike Möbel, besonders aus Holz, stellen dabei eine gute Grundlage dar.

Romantic bathrooms

The romantic style is characterized by its sobriety, elegance and sophistication. This effect requires the use of traditional furniture and complements, without resort to any more innovative options. Antique furniture is the most appropriate, especially if it is made of wood.

Salles de bains romantiques

Mots d'ordre du style romantique : sobriété, élégance et raffinement. Pour réussir cette combinaison, il faut choisir des meubles et éléments traditionnels, et renoncer à des options plus modernes. Les meubles anciens sont les plus convaincants, surtout s'ils sont en bois.

Romantische badkamers

De romantische stijl wordt gekenmerkt door soberheid, elegantie en raffinement. Voor dit effect is het gebruik van traditionele meubilering en aanvullende elementen vereist, zonder toelating van welk innovatief element dan ook. Antiek meubilair, het liefst van hout, is het geschiktst.

© José Luis Hausmann

© José Luis Hausmann

Bei diesem Stil ist die gesamte Dekoration einschließlich der Handtücher und anderer Textilien in sanften Farben gehalten.

In this decorative style, soft colors are also predominant on the towels and drapes.

Pour ce choix de décoration, les couleurs pastel sont aussi présentes sur les serviettes et les rideaux.

In deze decoratieve stijl overheersen zachte tinten ook in handdoeken en gordijnen.

© José Luis Hausmann

NEIN / NO / NON / NEE

- Zu einer Einrichtung, die lediglich aus den notwendigsten Möbelstücken und Badutensilien besteht.
- Zu geraden Konturen und rein geometrischen Formen, die sich eher für moderne Badezimmer eignen.

- To the installation of only the basic equipment required for hygiene purposes.
- To simple lines and pure geometric forms, more suited to modern bathrooms.

- À la seule installation des éléments sanitaires de base.
- Aux lignes épurées et aux formes géométriques qui conviennent mieux aux salles de bains modernes.

- Tegen de installatie van enkel de basiselementen die vereist zijn voor hygiënedoeleinden.
- Tegen simpele lijnen en zuiver geometrische vormen, die beter bij moderne badkamers passen.

JA / YES / OUI / JA

- Zu Pflanzen, Kerzen, Blumen und Stoffen, die die Gestaltung des Raumes optimal abrunden.
- Zur Anwendung von Holz und Porzellan in der Badezimmerausstattung.

- To the use of plants, candles, flowers and drapes as complements to the decoration of the bathroom.
- To wood and porcelain in bathroom equipment.

- À l'utilisation de plantes, bougies, fleurs et rideaux qui viendront agrémenter la décoration de la salle de bains.
- Aux éléments en bois et porcelaine.

- Tegen het gebruik van planten, kaarsen, bloemen en gordijnen als aanvullingen op de badkamerdecoratie.
- Tegen hout en porselein in de badkamerinrichting.

Materialien

Die Verwendung auserlesener Materialien bildet die Basis eines jeden Dekorationsstils. Manche Materialien zeichnen sich durch eine besondere Ästhetik aus, sind dabei aber sehr pflegeintensiv. Daher ist es unerlässlich, Materialien zu verwenden, bei denen das Verhältnis von Preis, Widerstandsfähigkeit und Verwendung sowie Pflege und Wartung stimmt.

Materials

The use of a particular material will set off the decorative style of your bathroom. You might find a material visually attractive but also difficult to look after. The best solution is to find a balance between the price, resistance and ease of installation and maintenance.

Matériaux

Le choix d'un matériau en particulier mettra en valeur le style décoratif de votre salle de bains. Certains matériaux peuvent sembler esthétiques de prime abord mais s'avérer difficiles d'entretien. Le meilleur compromis : trouver un matériau combinant prix raisonnable, résistance, simplicité d'installation et d'entretien.

Materialen

Door het gebruik van een specifiek materiaal komt de decoratieve stijl van een badkamer goed uit. Sommige materialen zijn misschien visueel aantrekkelijk, maar kunnen moeilijk te onderhouden zijn. Probeer een balans te vinden tussen de prijs, de weerstand en het gemak van installatie en onderhoud.

© Duravit

© José Luis Hausmann

Glas

Glas wird zwar häufig unterschätzt, stellt jedoch ein unerlässliches Material dar, um Badezimmern – unabhängig von ihrer Größe – eine Note von Vornehmheit zu geben. Dabei ist der dominierende Glasgegenstand eines Badezimmers der Spiegel. Zur optimalen Nutzung des Tageslichts – das jedem Raum eine natürliche und warme Atmosphäre verleiht – eignen sich am besten große Fenster.

Glass

Glass is an underrated material that is a key ingredient for giving a bathroom a touch of distinction, regardless of its size. The primary glass object in a bathroom is the mirror. Also large windows are an unbeatable source of natural light that will add a great deal of warmth.

Le verre

Le verre est un matériau souvent sous-estimé, mais qui donnera à votre salle de bains du caractère, quelle que soit sa taille. La pièce maîtresse : le miroir. De grandes fenêtres apporteront aussi une source de lumière qui rendra votre espace plus chaleureux.

Glas

Glas is een onderschat materiaal waarmee je een badkamer juist een sfeer van distinctie kunt verlenen, ongeacht zijn omvang. Het allereerste glazen object in een badkamer is de spiegel. Ook grote ramen zijn een ongeëvenaarde bron van natuurlijk licht die veel warmte toevoegt.

© Nuria Fuentes

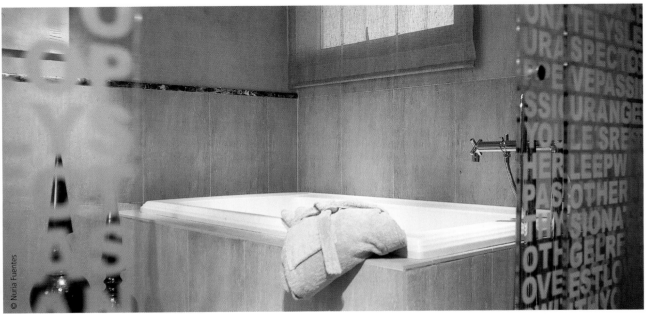

© Nuria Fuentes

Metall

Metall ist ein für Badezimmer traditionell beliebtes Material, strahlt eine zeitlose Eleganz aus und passt zu allen Einrichtungsstilen. Armaturen sowie zahlreiche dekorative Elemente sind aus Metall gefertigt. Auch für Spiegelrahmen oder Duschabtrennungen wird dieses vielseitige Material verwendet.

Metal

This is one of the traditional materials for bathrooms. It never goes out of fashion and can be used for all types of styles. Faucets and many decorative complements are made out of metal. Metal can also be seen on mirrors, as a frame, and on screens by the bathtub or shower.

Le métal

L'une des valeurs sûres pour les salles de bains. Un élément indémodable qui convient à tous les styles. La robinetterie ainsi que de nombreux éléments décoratifs sont faits en métal. Souvent utilisé dans l'encadrement des miroirs, il est aussi présent sur les cloisons mobiles des baignoires ou douches.

Metaal

Dit is een traditioneel badkamermateriaal. Het raakt nimmer uit de mode en kan voor allerlei stijlen worden toegepast. Kranen en tal van decoratieve aanvullingen zijn van metaal. Metaal kan ook gebruikt worden op spiegels, als lijst, en op afscheidingen bij de badkuip of douche.

© Nuria Fuentes

Mosaik

Mosaik bietet unzählige Gestaltungsmöglichkeiten. Es wird meistens zu bestimmten Formen oder geometrischen Motiven gelegt. Hierbei können Farben, Formen oder Texturen auf beliebige Weise miteinander kombiniert werden. Mosaik wirkt natürlich, ist sehr dauerhaft und leicht zu reinigen.

Mosaic

Mosaic offers many design possibilities and is usually installed in such a way that it depicts a form or creates a geometric motif, so a combination of colors, shapes and textures can come in very useful. It has a natural appearance, is long-lasting and very easy to clean.

La mosaïque

L'utilisation de mosaïque offre un vaste choix de styles décoratifs, car elle peut être posée de façon à reproduire des formes ou des motifs géométriques variés. Il peut donc être intéressant de combiner plusieurs couleurs, formes et textures. Présentant un aspect très naturel, c'est un matériau résistant et très facile d'entretien.

Mozaïek

Mozaïek biedt veel ontwerpmogelijkheden en wordt vaak zo aangebracht dat er een figuur of geometrisch motief zichtbaar wordt. Een combinatie van kleuren, vormen en texturen kan dus heel goed van pas komen. Mozaïek ziet er natuurlijk uit, is duurzaam en makkelijk schoon te houden.

Stein

Das raue Erscheinungsbild von Stein steht für eine enge Verbindung zur Natur. Er stellt eines der wenigen Materialien dar, die sich als Bodenbelag und als Wandverkleidung eignen, wobei die Gestaltungsmöglichkeiten unerschöpflich sind. In Bädern finden sich vor allem Marmor, Schiefer und Granit.

Stone

Stone is rough-looking and represents contact with nature. It is one of the few materials suitable for both floors and cladding, while its forms, finishing and textures are practically unlimited. The kinds of stone that are most commonly found in bathrooms are marble, slate and granite.

La pierre

D'aspect brut, la pierre incarne le contact avec la nature. C'est l'un des rares matériaux qui convienne à la fois aux sols et aux revêtements, et qui présente une gamme illimitée de formes, d'aspects et de textures. Très souvent utilisés dans les salles de bains : le marbre, l'ardoise et le granit.

Steen

Natuursteen ziet er ruw en natuurlijk uit. Het behoort tot de weinige materialen die geschikt zijn voor zowel vloeren als wanden, omdat de mogelijkheden qua vorm, oppervlaktebehandeling en textuur vrijwel onbeperkt zijn. Voor badkamers worden vooral marmer, lei en graniet gebruikt.

© José Luis Hausmann

NEIN / NO / NON / NEE

- Zu Badezimmerspiegeln ohne Halogenlampen.
- Zu übermäßigem Einsatz von Metall, das eine kühle Wirkung ausstrahlt.
- Zu kleinen Fliesen an großen Wänden und umgekehrt.

- To the bathroom mirror with no halogen lamps.
- To the excessive use of metal in the bathroom, as it is a cold material.
- To small tiles on large walls, and vice versa.

- Aux miroirs de salles de bains sans lampe halogène.
- À l'utilisation excessive du métal, qui est un matériau froid.
- Aux petits carreaux sur de grands murs, et vice-versa.

- Tegen een badkamerspiegel zonder halogeenverlichting.
- Tegen een buitensporig gebruik van metaal, aangezien het een koud materiaal is.
- Tegen kleine tegels op grote muren, en andersom.

JA / YES / OUI / JA

- Zu Glas: ein unverzichtbares Material, das jedem Badezimmer einen Hauch von Eleganz verleiht.
- Zu Metallarmaturen, die im Kontakt mit Wasser nicht rosten.

- To glass as an indispensable element in your bathroom: it contributes elegance.
- To metal faucets. They do not rust after exposure to water.

- Au verre, un élément indispensable dans votre salle de bains, qui lui apportera une touche élégante.
- À la robinetterie en métal. Elle ne rouillera pas au contact de l'eau.

- Tegen glas in de badkamer: het geeft de ruimte een elegante sfeer.
- Tegen metalen kranen. Ze roesten niet na blootstelling aan water.

Beleuchtung und Farbwahl

Ein Badezimmer muss über eine gute Beleuchtung verfügen. Lampen, die den wichtigsten Teil eines jeden Badezimmers – den Spiegel- und Waschbeckenbereich – optimal ausleuchten, sind unverzichtbar. In der Farbgebung sind vor allem Pastelltöne sowie Weiß und Creme zu empfehlen, wobei Pastellblau, -grün und -grau ebenfalls reizvolle Farbkombinationen ergeben können.

Lighting and color

A bathroom needs to be well-lit and light bulbs that complement the mirror and the washbasin area are the most important ones in the entire room. As regards color, the most common ones are pastels, white and cream. Also pastel shades of blue, green and gray are suitable.

Éclairage et couleurs

Une salle de bains se doit d'être bien éclairée, les sources de lumière entourant le miroir et le lavabo étant les plus importantes. Quant aux couleurs, les teintes les plus couramment utilisées sont les tons pastel, le blanc et le blanc crème. Toujours dans les mêmes nuances pastel, vous pouvez aussi opter pour du bleu, du vert ou du gris.

Verlichting en kleur

Een badkamer moet goed verlicht zijn. Lampen die de spiegel en wastafel van licht voorzien, zijn de belangrijkste in het hele vertrek. De meest gangbare kleuren in de badkamer zijn pasteltinten, wit en crème. Ook lichte tinten blauw, groen en grijs zijn geschikt.

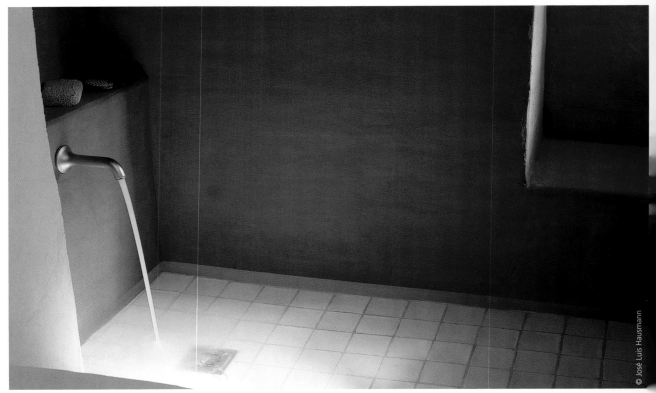

© Jordi Sarrà

© Pep Escoda

© Jordi Sarrà

BADEZIMMERAUSSTATTUNG UND -ACCESSOIRES

Noch vor dreißig Jahren hätte es niemand für möglich gehalten, dass ein Raum wie das Badezimmer ein solches Maß an Wertschätzung gewinnen würde, wie es heute der Fall ist. Mittlerweile stehen unzählige Einrichtungsmöglichkeiten in den verschiedensten Designs und Farben zur Auswahl. Werden sie mit Bedacht ausgewählt, so kann jedem Raum eine persönliche Note gegeben werden.

BATHROOM EQUIPMENT AND ACCESSORIES

Thirty years ago nobody would have imagined that bathrooms would take on the importance that they have nowadays. There are now thousands of fittings and complements to choose from, in various colors and designs. If they are chosen with care, they can all add a personal touch.

ÉQUIPEMENT ET ACCESSOIRES

Il y a encore trente ans, personne n'aurait cru que les salles de bains seraient considérées comme des pièces à part entière. Aujourd'hui, un vaste choix d'éléments est disponible, dans différents styles et coloris, qui permettent d'ajouter une touche personnelle à votre salle de bains.

BADKAMERINRICHTING EN -ACCESSOIRES

Dertig jaar geleden had niemand gedacht dat badkamers zo belangrijk zouden worden als ze nu zijn. We kunnen kiezen uit duizenden onderdelen en aanvullende elementen, in allerlei kleuren en ontwerpen. Als ze zorgvuldig worden gekozen, kunnen ze allemaal een persoonlijke toets toevoegen.

© José Luis Hausmann

Badewannen
Bathtubs
Baignoires
Badkuipen

Duschen
Showers
Douches
Douches

Waschbecken und Toiletten
Washbasins and toilets
Lavabos et toilettes
Wastafels en toiletten

Badewannen

Egal, ob es eine Badewanne oder eine Dusche sein soll: Die Badausstattung muss alle hygienischen und ästhetischen Ansprüche erfüllen. Die Vorteile einer Badewanne liegen auf der Hand. Der therapeutische Effekt von Wasser kommt bei einer mit heißem Wasser gefüllten Badewanne in einer stimmungsvollen Atmosphäre und Kerzenschein voll zur Geltung.

Bathtubs

Whether you opt for a bathtub or a shower, it has to provide the required degree of hygiene and relaxation. Why choose a bathtub? A bathtub full of hot water, with a candle to give a touch of warmth, will allow you to fully enjoy the therapeutic effects of water.

Baignoires

Que vous choisissiez une baignoire ou une douche, celle-ci doit allier hygiène et confort. Pourquoi faire le choix d'une baignoire ? Un bain chaud, pris à la lueur d'une bougie, vous permettra de profiter pleinement des effets thérapeutiques de l'eau.

Badkuipen

Of je nu kiest voor een bad of een douche, er is in elk geval een zekere mate van hygiëne en ontspanning vereist. Waarom de keus voor een bad? In een met heet water gevuld bad, dat sfeervol wordt verlicht door een kaars, kun je de heilzame effecten van water ondergaan.

Badewannen sind in den verschiedensten Größen und Formen erhältlich, sodass sie in jeder Badezimmerecke Platz finden.

Any corner can be suitable to install a bathtub, as they come in adaptable shapes.

Plusieurs formes de baignoires sont maintenant disponibles, vous permettant de l'installer où vous voulez.

Elke hoek kan geschikt zijn voor een bad, omdat badkuipen in aangepaste vormen verkrijgbaar zijn.

Zur Reinigung sollten ammoniakhaltige sowie scheuernde Produkte vermieden werden.

When cleaning, do not use products with ammonia. Abrasive substances are to be avoided.

Pour l'entretien, les substances abrasives sont à éviter, optez pour des produits sans ammoniaque.

Gebruik bij het schoonmaken geen producten met ammoniak. Schuurmiddelen moeten vermeden worden.

© Eugenia Uhl

© David Loftus

© Hoesch Design

© Hoesch Design

Duschen

Wird statt einer Badewanne eine Dusche bevorzugt, sind meist zwei Gründe dafür ausschlaggebend: Zunächst wird häufig die fehlende Zeit für ein Bad angeführt. Als zweiter und wichtigerer Grund werden mangelhafte Platzverhältnisse genannt. Duschen eignen sich besonders für in Schlafzimmer integrierte Badezimmer, die für gewöhnlich über wenig Platz verfügen.

Showers

People who decide to install a shower rather than a bathtub do so for two basic reasons: firstly, lack of time to take a bath and secondly, and most importantly, restrictions on space. Showers are suited to bathrooms integrated into a bedroom which are normally small spaces.

Douches

Ceux qui optent pour une cabine de douche invoquent souvent le manque de temps pour prendre des bains et un espace réduit. Elles sont idéales dans les petites pièces, comme lorsque la cabine de douche est installée dans une chambre.

Douches

Mensen die voor een douche kiezen in plaats van een bad, doen dat om twee redenen: ten eerste uit gebrek aan tijd om in bad te gaan, en ten tweede, en vooral, uit ruimtegebrek. Douches zijn geschikt voor badkamers die in een slaapkamer zijn opgenomen en beperkt in hun ruimte zijn.

© Duravit

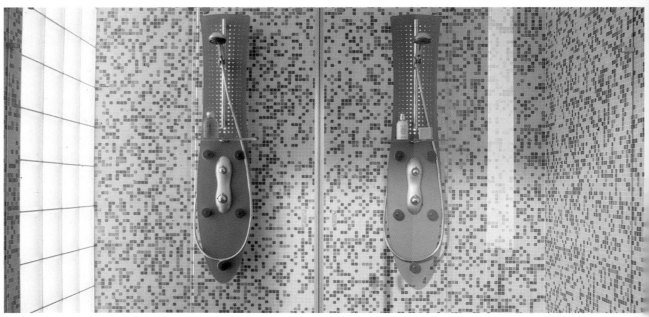

© Dornbracht

© Flaminia

© Duravit

© Davide Vercelli for Ritmonio

NEIN / NO / NON / NEE

- Zu Badewannen in zu kleinen Räumen.
- Zu transparenten Silikondichtungen in Badewannenecken, da diese sehr schnell schimmeln.

- To a bathtub in a restricted space.
- To transparent silicone to seal the edges of the bathtub: it gets moldy in no time.

- Aux baignoires dans des espaces réduits.
- Aux joints de baignoire en silicone transparent : ils ont vite tendance à moisir.

- Tegen een badkuip in een beperkte ruimte.
- Tegen transparante siliconekit om de randen van de badkuip te sealen: hij wordt heel snel schimmelig.

JA / YES / OUI / JA

- Zu Badewannen - genügend Platz vorausgesetzt -, um von den heilenden Kräften der Hydrotherapie zu profitieren.
- Zu Doppelduschen, durch die eine große Zeitersparnis möglich ist, da darin zwei Menschen gleichzeitig duschen können.

- To bathtubs, space permitting, to allow you to enjoy the beneficial properties of hydrotherapy.
- To double showers, as they save time by allowing two people to take a shower at the same time.

- À une baignoire si vous disposez de suffisamment d'espace, vous pourrez ainsi goûter aux joies de l'hydrothérapie.
- Aux doubles cabines de douche, qui permettent à deux personnes de se doucher en même temps.

- Tegen badkuipen, als de ruimte het toelaat, teneinde van de heilzame eigenschappen van hydrotherapie te genieten.
- Tegen dubbele douches, omdat ze tijd besparen doordat twee mensen tegelijk kunnen douchen.

Waschbecken

Mittlerweile stehen für jeden Teil der Badausstattung verschiedene Designs zur Auswahl. Marmor wird hierbei am häufigsten verwendet, aber auch Waschbecken aus Glas, Holz und Porzellan schmücken mittlerweile zahlreiche Badezimmer und verleihen diesen ein modernes Flair.

Washbasins

Design has reached even the fittings in a bathroom. Washbasins are indispensable features that are being increasingly adapted to modern trends. The most widely used material is marble. Washbasins in glass, wood and porcelain have emerged, and these give a bathroom a modern touch.

Lavabos

Le design est présent jusque dans les éléments de salle de bains. Les lavabos, indispensables, ont su s'adapter aux nouvelles tendances en matière de décoration. Même s'ils sont le plus souvent en marbre, des lavabos en verre, bois ou métal sont à présent disponibles, pour donner une touche de modernité supplémentaire.

Wastafels

Design heeft zich zelfs over badkameraccessoires ontfermd. Wastafels zijn onmisbare elementen die steeds meer aan moderne trends worden aangepast. Het meest gebruikte materiaal is marmer. Er zijn ook wastafels van glas, hout en porselein, die een badkamer een moderne uitstraling geven.

© José Luis Hausmann

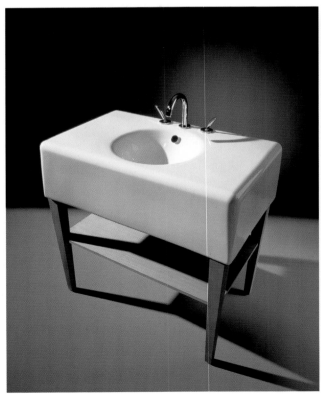

© Duravit

© Flaminia

© Flaminia

Toiletten

Noch vor wenigen Jahren hatte eine Toilette lediglich funktionell zu sein - Design spielte dabei keine Rolle. Heute besteht hier ein ästhetischer Anspruch, da auch die Toilette zur restlichen Badezimmereinrichtung passen soll. Die Kombination aus Toilette und Bidet ist mittlerweile in zahlreichen Variationen erhältlich.

Toilets

A few years ago, all that was required of a toilet was to fulfill its function. Nowadays, a degree of aesthetic harmony is also desired, in order to combine with the style of the bathroom and its decoration. Toilet and bidet are companions that come in a wide range of varieties.

Toilettes

Il y a encore quelques années, on attendait juste des toilettes qu'elles remplissent leur fonction principale. De nos jours, ils doivent s'intégrer dans le style de la salle de bains. Il existe donc un vaste choix de sanitaires.

Toiletten

Enkele jaren geleden was de enige eis waaraan een toilet moest voldoen dat het werkte. Tegenwoordig moet het toilet esthetisch harmoniëren met de andere elementen en de algehele stijl van de badkamer. Toilet en bidet zijn een combinatie die in tal van varianten voorkomt.

Soll das Badezimmer mit einer wandhängenden Toilette ausgestattet werden, so muss genügend Platz für den Wasserkasten vorhanden sein.

If you opt for a wall-mounted toilet, you will need sufficient space to install the cistern.

Si vous optez pour des sanitaires fixés au mur, n'oubliez pas qu'il vous faudra de l'espace pour installer le réservoir.

Als je voor een aan de muur gemonteerd toilet kiest, moet er voldoende ruimte zijn om het waterreservoir te installeren.

115

© Sanico

Eine Toilette, ob klassisch oder modern,
sollte mit den richtigen Details
ausgestattet sein.

It is important to complement a toilet
with the right details, either classical or
modern.

N'oubliez pas d'agrémenter les toilettes
de quelques détails classiques ou
modernes.

Het is belangrijk een toilet met de juiste
details aan te vullen, in klassieke of in
moderne trant.

© Flaminia

NEIN / NO / NON / NEE

- Zu klassischen ovalen Waschbecken, zu denen ausschließlich klassische Armaturen passen.
- Zu der Meinung, nur an der Wand angebrachte Badausstattung sei zuverlässig installiert und wirke ästhetisch.

- To the classic oval washbasins, as they only go well with classical faucets.
- To the idea that bathroom equipment is only well installed and attractive if it is embedded into a wall.

- Aux traditionnelles vasques de lavabo ovales, qui ne se marient qu'avec une robinetterie classique.
- Aux éléments de salle de bains systématiquement encastrés dans un mur, ça ne les met pas forcément en valeur.

- Tegen klassieke ovale wastafels, omdat ze alleen goed samengaan met klassieke kranen.
- Tegen het idee dat een badkamer alleen goed geïnstalleerd en aantrekkelijk is als ze in een muur is opgenomen.

JA / YES / OUI / JA

- Zum Einbezug neuer Materialien wie Glas und Porzellan in Waschbecken und Toiletten.
- Zu wandhängenden Toiletten, die eine coole, moderne Ausstrahlung besitzen.

- To the incorporation of new materials like glass and porcelain into washbasins and toilets.
- To wall-mounted toilets, as they provide a cool, modern touch.

- Aux lavabos et cuvettes de W.C. intégrant de nouveaux matériaux comme le verre ou la porcelaine.
- Aux toilettes fixés au mur, pour une touche moderne.

- Tegen het opnemen van nieuwe materialen zoals glas en metaal in wastafels en toiletten.
- Tegen aan de muur gemonteerde toiletten, omdat ze een coole, moderne uitstraling hebben.

Accessoires

Vorhangstoffe, in Schränke eingelassene Waschbecken - maßangepasst und mit Rollen versehen-, Spiegel, Handtuchhalter, Seifenschalen, Zahnputzbecher usw. Solche Elemente verleihen einem Badezimmer Individualität. Daher sind sie ebenso wichtig wie die Einrichtungsgegenstände eines Badezimmers.

Accessories

Drapes for the windows; closets, fitted with the washbasin, made to measure and with rollers; mirrors, towel rails; soap trays; jars for toothbrushes etc.These are the elements that add personality to a bathroom, and so they are as important as the choice of the bathroom equipment.

Accessoires

Rideaux, rangements assortis au lavabo, placards roulants faits sur mesure, miroirs, porte-serviettes, porte-savon, gobelets à brosses à dents… autant d'éléments qui ajoutent de la personnalité à votre salle de bains et méritent donc d'être choisis avec soin.

Accessoires

Raambekleding; wastafelmeubels, op maat gemaakt en met rolwielen; spiegels; handdoekenrails; zeephouders; glazen voor tandenborstels, enzovoort. Dit zijn de elementen die een badkamer persoonlijk maken, en daarom zijn ze even belangrijk als de rest van de badkamerinrichting.

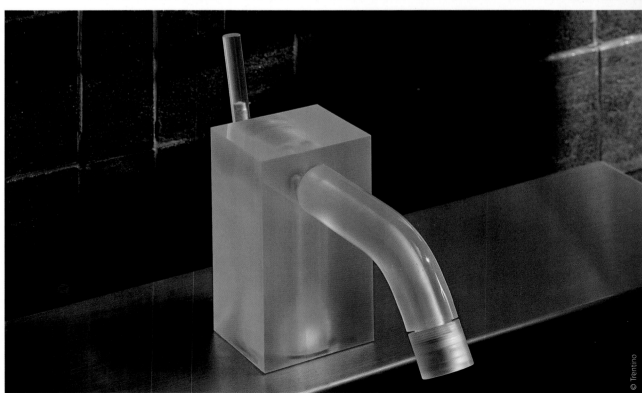

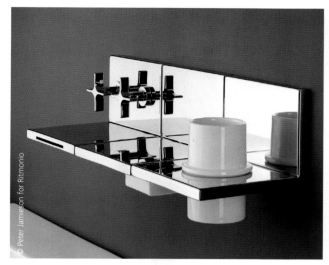

© Peter Jamieson for Ritmonio

© Peter Jamieson for Ritmonio

© Peter Jamieson for Ritmonio

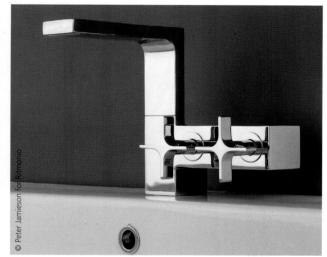

© Peter Jamieson for Ritmonio

© Davide Vercelli for Ritmonio

© Davide Vercelli for Ritmonio

121

Geschmackvolle Armaturen eignen
sich optimal als Ergänzung zu einem
formschönen Waschbecken.

Faucets are the ideal complement for
a washbasin.

La robinetterie peut mettre en valeur
un lavabo.

Kranen zijn de ideale aanvulling van
een wastafel.

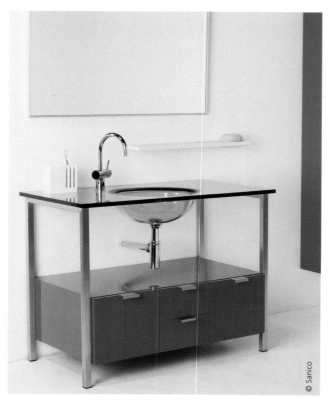

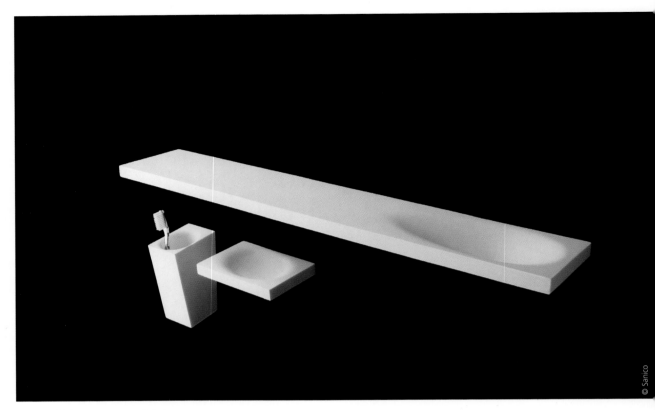

© Sanico

Durch Schlichte Konturen wird eine
Überladung des Badezimmers
vermieden.

Aim for simplicity in the lines to avoid
overwhelming your bathroom.

Optez pour des lignes épurées et évitez
ainsi de surcharger la salle de bains.

Streef naar eenvoud in de lijnen om je
badkamer niet te bedelven.

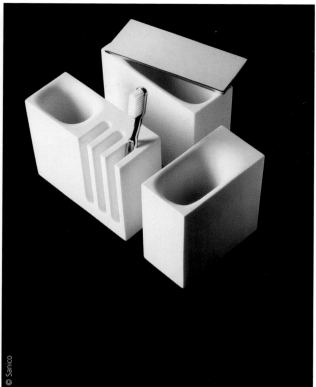

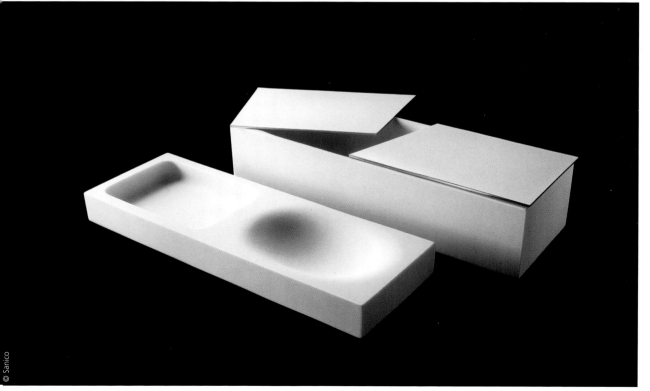

Auch Handtuchhalter sind mittlerweile in attraktiven Designs erhältlich. Solche Accessoires verleihen dem Badezimmer eine individuelle Note.

Design has also reached towel rails, allowing them to add an original flourish to a bathroom.

Même les porte-serviettes sont design, apportant une petite touche originale.

Design heeft zich ook over handdoekenrails ontfermd, waardoor deze een badkamer een fraaie touch geven.

Maßangefertigte Schränke mit Rollen werden zunehmend beliebter.

Made-to-measure closets on rollers are becoming increasingly popular.

Les éléments roulants faits sur mesure ont de plus en plus de succès.

Op maat gemaakte kasten op rolwielen worden steeds populairder.

Mit schlichten Gegenständen kann ein
Badezimmer anspruchsvoll und dezent
dekoriert werden.

Simple objects can give a bathroom a
sophisticated look, without any
unnecessary ornamentation.

Pour obtenir un aspect sophistiqué,
optez pour des objets simples, sans
fioritures.

Eenvoudige objecten kunnen een
badkamer er verfijnd uit laten zien,
zonder overbodige opsmuk.

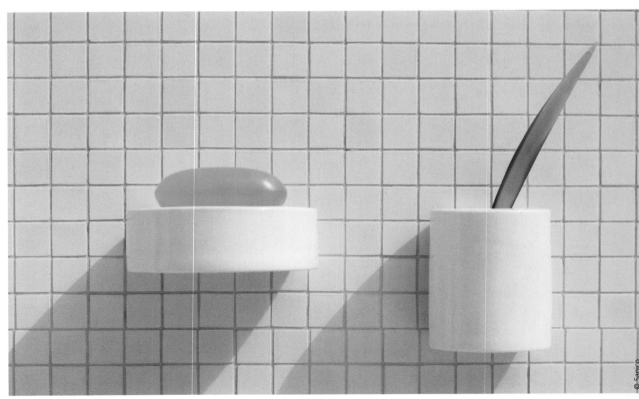

Durch geschicktes Kombinieren
können auch unscheinbare Objekte
Geltung erlangen.

The combination of complements can
embrace even the most insignificant
objects.

Un agencement astucieux d'éléments
met en valeur même les objets les plus
insignifiants.

De combinatie van aanvullende
elementen kan zelfs de meest
onbeduidende objecten ophalen.

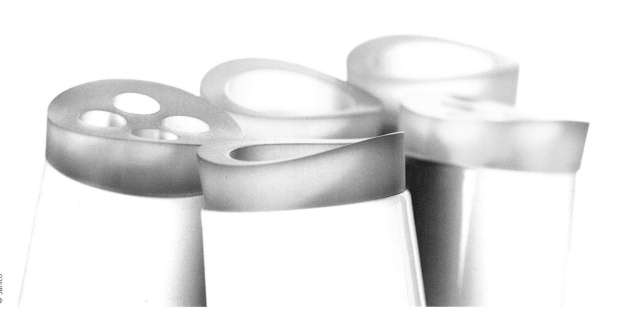

KÜCHEN

KITCHENS

CUISINES

KEUKENS

KÜCHEN - TYPEN

Das moderne Design hat auch die Küche erreicht - hier wird Funktionalität mit Ästhetik kombiniert. Durch eine wohl überlegt gestaltete und attraktiv designte Kücheneinrichtung, in der hindernisfrei gearbeitet werden kann, wird eine angenehme Atmosphäre geschaffen - unabhängig von der Größe des Raumes.

TYPES OF KITCHENS

Modern design has also influenced the decoration of today's kitchens and enabled them to combine functionality with beauty. Design features can enable you to create a comfortable space, regardless of the size of your kitchen, as they can allow you to work without obstacles.

TYPES DE CUISINES

Le design moderne a aussi influencé la conception des cuisines actuelles, leur permettant d'allier fonctionnalité et esthétique. Les avancées en matière de design vous permettent de concevoir un espace confortable, quelle que soit sa taille, grâce à une vaste palette de possibilités.

KEUKENTYPEN

Modern design heeft ook de decoratie van keukens beïnvloed en het mogelijk gemaakt dat deze functionaliteit aan schoonheid paren. Met designelementen kun je een comfortabele ruimte creëren, ongeacht de omvang van de keuken, omdat ze de mogelijkheid bieden onbelemmerd te werken.

Geschlossene Küchen
Closed kitchens
Cuisines fermées
Gesloten keukens

Offene Küchen
Open kitchens
Cuisines américaines
Open keukens

© Montse Garriga

Kücheninseln
Kitchen islands
Îlots
Keukeneilanden

Geschlossene Küchen

Eine in sich geschlossene, unabhängige Küche verschont den Rest des Wohnbereiches vor Dampf und Essensgerüchen. Damit Dampf schnell abziehen kann, sollte die Küche über ein Fenster verfügen, um einfach und schnell lüften zu können.

Closed kitchens

An enclosed, independent kitchen prevents steam and cooking smells from invading the rest of the home. To allow steam to disperse rapidly, it is advisable to fit a window in the kitchen to encourage rapid ventilation.

Cuisines fermées

L'avantage d'une cuisine fermée et indépendante : empêcher la fumée et les odeurs de se répandre dans le reste de la maison. Pour assurer une bonne ventilation, optez pour une pièce disposant d'ouvertures.

Gesloten keukens

Een afgesloten, zelfstandige keuken voorkomt dat stoom en kookluchtjes de rest van het huis binnendringen. Om de snelle verdwijning van damp mogelijk te maken is het raadzaam een raam in de keuken aan te brengen, ter bevordering van een goede ventilatie.

Offene Küchen

Offene Küchen erfreuen sich zunehmender Beliebtheit. Der Raum muss nach einer sorgfältigen Planung in drei Bereiche eingeteilt werden, jeweils für Aufbewahrung, Vorbereitung und Kochen. Die drei Bereiche sind in modernen Küchen normalerweise L- oder U-förmig angeordnet.

Open kitchens

Open kitchens are becoming increasingly common. You must be clear about the space you have available before dividing it into three areas: storage, preparation and cooking. These areas usually form an L or a U, which is the most frequent layout for modern kitchens.

Cuisines américaines

Les cuisines américaines connaissent un succès grandissant. Vérifiez bien l'espace dont vous disposez avant de le diviser en trois zones distinctes : rangement, préparation et cuisson. Dans la plupart des cuisines modernes, on privilégie les agencements en U ou en L.

Open keukens

Open keukens worden steeds algemener. Je moet goed weten hoeveel ruimte je tot je beschikking hebt voor je deze in drie zones verdeelt: opslag, bereiding en koken. Deze gebieden vormen doorgaans een L of een U. Dat is tegenwoordig de meest gangbare keukenindeling.

© Binova

NEIN / NO / NON / NEE

- Zu einem Spülbecken, dass auf der gegenüberliegenden Seite des Kochbereiches zu finden ist. Dadurch wird das Arbeiten erschwert.
- Zu einem Kühlschrank oder anderen Elektrogeräten in unmittelbarer Nähe zum Herd.

- To a sink area on the side of the kitchen opposite the cooking area: it will make your work more difficult.
- To a fridge or other electrical appliances close to a source of heat.

- Aux éviers isolés de la zone de cuisson : ce n'est pas pratique.
- Aux frigos et autres appareils électriques situés à proximité d'une source de chaleur.

- Tegen een gootsteen tegenover het kookgedeelte: dat bemoeilijkt het werk.
- Tegen een koelkast of andere elektrische toestellen dicht bij een hittebron.

JA / YES / OUI / JA

- Zu Vorhängen und Falt- oder Schiebetüren, durch die verschiedene Bereiche voneinander abgetrennt werden können.
- Zu einer Einrichtung, die an die gegebenen Platzverhältnisse angepasst wurde.

- To drapes and folding or sliding doors, used to separate spaces.
- To fitted furniture that adapts to a specific space.

- Aux rideaux ou cloisons coulissantes, pour séparer les espaces de travail.
- Aux meubles encastrables conçus pour des espaces spécifiques.

- Tegen gordijnen en vouw- of schuifdeuren, om ruimten te scheiden.
- Tegen inbouwmeubilair en -apparatuur die aan een ruimte zijn aangepast.

Kücheninseln

Funktionalität und Design sind die wichtigsten Ansprüche an eine moderne Küche. Ein optimales Mittel, diese Anforderungen zu erfüllen, bietet eine Kücheninsel, die unterschiedliche Funktionen erfüllen kann: Als Mittelpunkt der Küche, als Arbeitsbereich, um Lebensmittel vorzubereiten und zu verarbeiten oder als Esstisch.

Kitchen islands

Functionality and design are the objectives pursued by a modern kitchen. One good way of fulfilling these aims is by installing an island that can serve various functions: as a central space in the kitchen, as a space for preparing dough or cutting food, or as a dining table.

Îlots

L'objectif des cuisines modernes : allier design et fonctionnalité. Pour ce faire, vous pouvez installer un îlot à usages multiples : vous pourrez en faire l'endroit clé de la cuisine, la zone de préparation, ou encore l'espace des repas.

Keukeneilanden

Functionaliteit en design zijn de maatstaven waaraan een moderne keuken moet voldoen. Een goede manier om daaraan ttegemoet te komen is een eiland te installeren, dat diverse functies kan hebben: een sociaal trefpunt in de keuken, een ruimte om of voedsel te prepareren of als eettafel.

© Berloni Cucine

Um eine harmonische Atmosphäre zu schaffen, sollten die Arbeitsflächen sowie die restliche Ausstattung der Insel im Stil der Küche gehalten sein.

Opting for a worktop and furniture in the same style of the kitchen will harmonize the decoration.

Pour un design harmonieux, choisissez un plan de travail et des éléments assortis.

Door te kiezen voor een werkblad en meubilair in dezelfde stijl wordt de keuken harmonieus qua decoratie.

Eine Kücheninsel kann ebenso als ruhiger Ort dienen, an dem Kinder ihre Hausaufgaben erledigen und sich gleichzeitig in der Nähe ihrer Eltern aufhalten können.

The island can also be a quiet place where children can do their homework close to their parents.

L'îlot peut également permettre aux enfants de faire leurs devoirs près de leurs parents.

Het eiland kan ook de plek zijn waar kinderen hun huiswerk in de nabijheid van hun ouders kunnen maken.

NEIN / NO / NON / NEE

- Zum Vorhaben, einen multifunktionalen Raum zu schaffen, wenn die Platzverhältnisse es nicht erlauben.
- Zu einer Kücheninsel, die sich zu nahe am Rest der Einrichtung befindet. Dies schränkt die Bewegungsfreiheit ein.

- To trying to be multifunctional if you do not have space.
- To an island close to the rest of the furniture, as this will prevent you from opening closets and moving around the kitchen in comfort.

- À la multi-fonctionnalité si vous disposez d'un espace réduit.
- Évitez de placer l'îlot trop près des autres éléments, afin de pouvoir ouvrir les placards et de vous déplacer facilement.

- Tegen multifunctionaliteit in een kleine ruimte.
- Tegen een eiland vlak bij de rest van het meubilair, omdat kasten dan niet makkelijk geopend kunnen worden en de beweegruimte beperkt wordt.

JA / YES / OUI / JA

- Zu in verschiedene Bereiche eingeteilten Kücheninseln, die ausreichend Platz sowohl zum Kochen als auch zum Essen bieten.
- Zu integrierten Elektrogeräten wie zum Beispiel Spülmaschinen.

- To islands with several levels that provide enough space for both cooking and eating.
- To in-built electrical equipment like dishwashing machines.

- Aux îlots qui servent à la fois de plan de travail et de table pour manger.
- À l'électroménager encastrable, comme les machines à laver la vaisselle.

- Tegen eilanden met meerdere niveaus, die voldoende ruimte bieden voor zowel koken als eten.
- Tegen ingebouwde elektrische apparatuur zoals afwasmachines.

STILE

Küchen sind naturgemäß funktionale Räume. Modernes Design ermöglicht die Einrichtung hoch innovativer Küchen, die gleichzeitig ästhetisch ansprechend sind, ohne die Funktionalität aufs Spiel zu setzen. Der individuelle Stil sowie der persönliche Geschmack der Nutzer spielt bei der Einrichtung einer Küche eine ausschlaggebende Rolle.

STYLES

A kitchen is highly functional by nature. Modern design allows us to create highly innovative and visually striking kitchens without losing functionality. It is important for the personal style and tastes of the occupant to hold sway in a kitchen.

STYLES

Une cuisine se doit d'être avant tout fonctionnelle. Le design moderne vous permet de combiner originalité et fonctionnalité. Il est aussi important que cette pièce reflète vos goûts et votre style.

STIJLEN

Het karakter van een keuken is in hoge mate functioneel. Door modern design kunnen we innovatieve en fraai ogende keukens creëren zonder dat de functionaliteit eronder lijdt. Het is van belang dat de persoonlijke stijl en voorkeuren van de bewoner hun stempel op een keuken drukken.

Minimalistische Küchen
Minimalist kitchens
Cuisines minimalistes
Minimalistische keukens

Urbane Küchen
Urban kitchens
Cuisines urbaines
Grootsteedse keukens

© Bulthaup

Rustikale Küchen
Rustic kitchens
Cuisines rustiques
Landelijke keukens

Minimalistische Küchen

Auch in die Küche hat das moderne Design Einzug gehalten - der minimalistische Stil gewinnt dabei zunehmend an Einfluss. Bei diesem Stil, der sich durch klare Konturen sowie durch schlicht gehaltene Möbel auszeichnet, werden jegliche überflüssigen Gegenstände und Dekorationsmittel vermieden.

Minimalist kitchens

Design has obviously also reached the kitchen and minimalism is gradually having a greater impact. This style rejects all unnecessary complements, is characterized by its pure, simple lines and draws on simple furniture, albeit endowed with charm.

Cuisines minimalistes

Le design minimaliste a beaucoup de succès dans les cuisines. Ce style renonce à tous les éléments superflus et se distingue par des lignes épurées et un mobilier simple mais non dénué de charme.

Minimalistische keukens

Design heeft duidelijk ook de keuken bereikt en de minimalistische stijl krijgt geleidelijk meer invloed. Deze stijl wijst alle overbodige aanvullende elementen af en wordt gekenmerkt door strakke lijnen en eenvoudig, maar wel charmant meubilair.

© Boffi

© Rinova

Die Beleuchtung ist hell und klar, um die
Augen bei der Arbeit nicht zu
überanstrengen.

Lighting needs to be clear and bright, to
allow you to work without having to
strain your eyes.

Optez pour un éclairage franc et
lumineux, qui vous permettra de
travailler sans vous abîmer les yeux.

De verlichting moet duidelijk en helder
zijn, zodat je kunt werken zonder extra
inspanning van je ogen.

Die Verwendung unterschiedlich
getönten Holzes wirkt in einer Küche
überaus ansprechend.

The use of various shades of wood has
extremely attractive results in a kitchen.

La combinaison de plusieurs teintes de
bois est toujours une option gagnante.

Het gebruik van verschillende houttinten
leidt in een keuken tot uiterst
aantrekkelijke resultaten.

NEIN / NO / NON / NEE

- Zu einem Übermaß an elektrischen Geräten und Gebrauchsgegenständen auf der Arbeitsfläche.
- Zu jeglichen überflüssigen Möbelstücken, die zu Hindernissen werden und die Funktionalität der Küche einschränken können.

- To any excess of electrical devices and complements on the worktop, as these will overload the space unnecessarily.
- To any unnecessary furniture, as this will end up becoming an obstacle and will reduce the functionality of the kitchen.

- Aux plans de travail surchargés d'appareils et d'éléments qui empiètent sur l'espace de travail.
- À l'excès de meubles, qui nuisent à la fonctionnalité de l'ensemble.

- Tegen overbodige elektrische apparaten en aanvullende elementen op het werkblad.
- Tegen alle onnodige meubels, omdat ze in de weg staan en de keuken minder functioneel maken.

JA / YES / OUI / JA

- Zu Schränken in verschiedenen Größen, die reichlich Stauraum für Küchenutensilien bieten.
- Zu hellen Farben, Stahl und Aluminium. Diese Kombination lässt den Raum heller wirken.

- To the installation of closets of different sizes, as they will allow you to store your kitchen utensils.
- To pale colors combined with steel and aluminum, as they enhance luminosity.

- Aux rangements, qui vous permettront de stocker vos ustensiles.
- À l'association couleurs claires/métal ou aluminium pour accentuer la luminosité.

- Tegen de installatie van kasten van verschillend formaat, omdat je er je keukengerei in kunt opbergen.
- Tegen lichte kleuren in combinatie met staal en aluminium, omdat de keuken er lichter van wordt.

Urbane Küchen

Für die im modernen Leben notwendige Funktionalität eignet sich der urbane Stil besonders gut. Ordnung sowie ausreichend Platz zum Kochen sind dabei die obersten Grundsätze. Funktionalität steht in keinem Widerspruch zu modernem Design und den neuesten Trends.

Urban kitchens

The urban style is ideally suited to this search for functionality inherent to the modern lifestyle. Order is the key and it is vital to have the necessary space to cook in comfort. Seeking functionality for your kitchen does not preclude modern design and the latest trends.

Cuisines urbaines

Le style urbain est recommandé si vous souhaitez une cuisine adaptée à un mode de vie moderne. Optez pour un espace rigoureusement agencé afin de pouvoir cuisiner dans les meilleures conditions possibles. Le choix de la fonctionnalité n'exclut pas un design moderne.

Grootsteedse keukens

De urbane stijl weerspiegelt het streven naar functionaliteit waarmee de moderne leefstijl verweven is. Orde is het sleutelbegrip en het is essentieel om genoeg ruimte te hebben om goed te kunnen koken. Het streven naar functionaliteit sluit modern design en nieuwe trends niet uit.

Sofa by Elam

Sketch

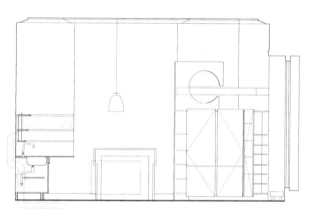

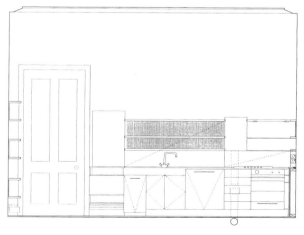

Interior elevations

NEIN / NO / NON / NEE

- Zu Schränken, die bis zur Decke reichen und es somit unmöglich machen, die obersten Fächer zu erreichen.
- Zum ausschließlichen Einsatz von Weiß und hellen Farben.

To the closets that go up to the ceiling, as they make it difficult to reach the top shelves.
To the exclusive use of white and pale colors.

Aux placards placés en hauteur, car l'accès aux étagères supérieures sera difficile.
À l'utilisation exclusive du blanc et de couleurs claires.

Tegen kasten die tot aan het plafond reiken, omdat je bijna niet bij de hoogste planken kunt.
Tegen het exclusieve gebruik van wit en lichte kleuren.

JA / YES / OUI / JA

- Zu eingebauter elektrischer Ausstattung, die den Eindruck von Ordnung verstärkt.
- Zum mäßigen Einsatz dunkler Farben, die einen reizvollen Kontrast zu den hellen Tönen des Fußbodens bilden.

- To electrical appliances fitted into the furniture, as they enhance orderliness.
- To the introduction of some darker colors that contrast with the paler colors on the floor.

- Aux appareils ménagers encastrables, pour un espace plus net.
- À l'utilisation de couleurs sombres qui contrastent avec le sol clair.

- Tegen elektrische inbouwapparatuur, omdat ze de overzichtelijkheid bevorderen.
- Tegen het introduceren van enige donkerdere kleuren die contrasteren met de lichtere kleuren op de vloer.

Rustikale Küchen

Für eine Küche, die schlicht, komfortabel und natürlich wirken soll, empfiehlt sich die Einrichtung im rustikalen Stil. Holz stellt dabei das am häufigsten Verwendete Material dar. Die Materialien Eisen, Ton sowie Keramikfliesen tragen zu der warmen gemütlichen Atmosphäre bei, die den Küchen diesen Stils eigen ist.

Rustic kitchens

If you want your kitchen to be simple, comfortable and in contact with nature, the ideal option would be decoration in a rustic style. The most commonly used material is wood. Iron, clay and tiles will give you that warm, cozy finish so typical of kitchens in this style.

Cuisines rustiques

Si vous voulez que votre cuisine soit simple et confortable, dans un esprit proche de la nature, optez pour une décoration de style rustique, privilégiant l'utilisation du bois. En l'associant à des matériaux comme le fer ou la céramique, vous obtiendrez un espace douillet.

Landelijke keukens

Wie een eenvoudige, comfortabele keuken wil die voeling heeft met de natuur, kiest voor een decoratie in landelijke stijl. Hierin wordt vooral hout verwerkt. IJzer, aardewerk en tegels zorgen voor die warme, knusse afwerking die zo typerend is voor keukens in deze stijl.

Bemalte Keramik, Stahl und Makramee
runden dieses Bild ab.

Painted ceramics, steel and macramé are
ideal complements.

Pour un rendu idéal : la céramique de
couleur, l'acier ou le macramé.

Beschilderde keramiek, staal en macramé
zijn ideale aanvullingen.

Sketches

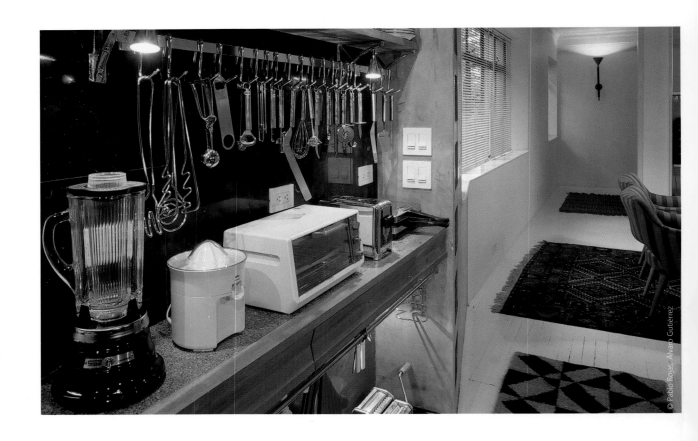

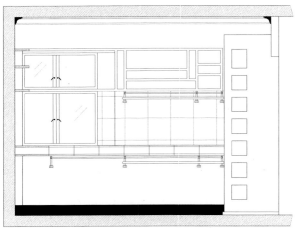

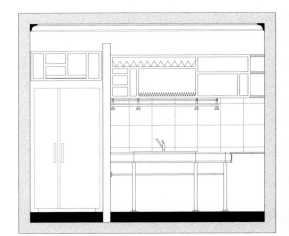

Sections

AUFBEWAHRUNG

Die Küche ist der Raum des Hauses, in dem die meisten Geräte und Utensilien verwendet werden, daher besteht hier ein besonderer Bedarf an Aufbewahrungsmöglichkeiten. Dabei muss darauf geachtet werden, dass Küchenutensilien nicht einfach irgendwo angehäuft werden und stets leicht erreichbar bleiben.

STORAGE

The kitchen is the room in which we need the most utensils and therefore, the one that requires the most storage facilities. The first thing to take into account is that you must not pile up your utensils and that you must keep everything within easy reach.

RANGEMENTS

Pour accueillir les nombreux accessoires et ustensiles nécessaires en cuisine, de nombreux rangements sont indispensables. N'oubliez pas que tout doit être à portée de main, l'empilement n'est donc pas une bonne solution.

BERGRUIMTE

De keuken is de ruimte waar we de meeste gebruiksvoorwerpen nodig hebben en dus de ruimte die de meeste opbergvoorzieningen vereist. Het eerste waarmee je rekening moet houden is dat je je gerei zo min moelijk moet opstapelen en dat alles binnen handbereik is.

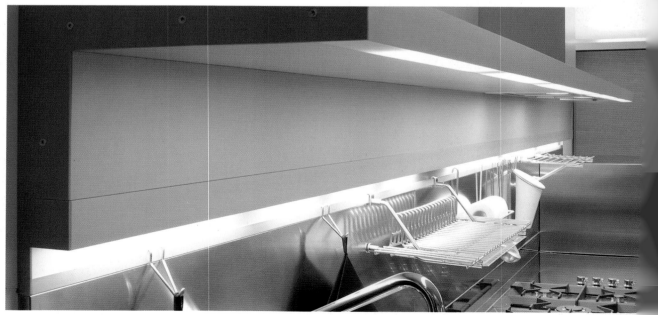

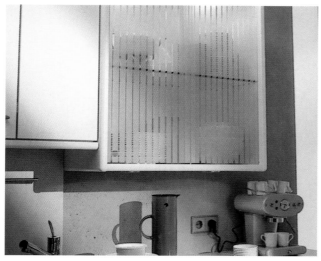
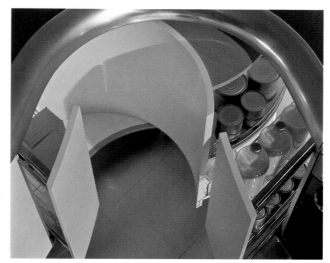

NEIN / NO / NON / NEE

- Zu Küchenutensilien, die nie verwendet werden.
- Zur Aufbewahrung von Geschirr und Besteck in zu großer Entfernung von Geschirrspüler und Waschbecken, um weite Wege zu vermeiden.

- To utensils that you never use.
- To keeping the crockery and cutlery away from the sink area, as this would oblige you to move around the kitchen.

- Aux ustensiles que vous n'utilisez jamais.
- Ne rangez pas la vaisselle et les couverts trop loin du plan de travail, vous serez obligé de vous déplacer.

- Tegen gebruiksvoorwerpen die je nooit gebruikt.
- Tegen het bewaren van vaatwerk en snijgerei buiten het gootsteengebied, omdat je dan gedwongen bent de hele keuken door te lopen.

JA / YES / OUI / JA

- Zu drehbaren Schrankfächern, durch die eine optimale Ausnutzung von Ecken gewährleistet ist.
- Zu Schränken, die in verschiedene Fächer aufgeteilt sind - diese erlauben eine sinnvolle und praktische Organisation.

- To revolving shelves in a closet, to allow you to take advantage of corners.
- To compartments in closets that allow you to organize your plates, saucepan tops, etc.

- Aux placards avec étagères à tourniquet, qui vous permettront d'optimiser l'espace.
- Aux rangements à compartiments pour bien séparer les assiettes, les couvercles, etc.

- Tegen kastjes met een draaipalet in de hoeken van de keuken.
- Tegen gescheiden ruimten in kasten waardoor borden, en pannendeksels een goede plek krijgen.

ACCESSOIRES

Abschließend soll auf die Wichtigkeit von Accessoires in einer Küche eingegangen werden. Diese dienen dazu, dem Raum durch kleine dekorative Details den letzten Schliff zu geben. Accessoires stellen dekorative und dennoch praktische Ergänzungen dar, die zudem den beiden wichtigsten Anforderungen an eine Küche gerecht werden - Design und Funktionalität.

ACCESSORIES

We have reached the end. All that remains is to give the final touches to your kitchen by adding small decorative details. These are the practical, but decorative complements that will allow you to satisfy the two essential requirements of your kitchen: design and functionality.

ACCESSOIRES

Vous savez tout. Il ne vous reste plus qu'à apporter quelques touches décoratives personnelles à cet espace, grâce à des éléments qui vous permettront d'allier design et fonctionnalité.

ACCESSOIRES

Het enige wat rest is de keuken de finishing touch te geven met decoratieve details. Dit zijn de praktische, maar decoratieve elementen waarmee je aan twee essentiële vereisten van de keuken kunt voldoen: design en functionaliteit.

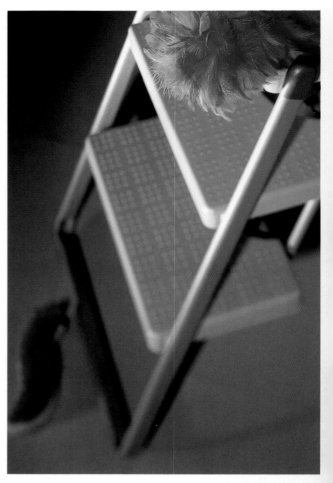

Diese kleinen, unwichtig erscheinenden Ergänzungen sind nicht zu unterschätzen.

Elements which at first sight may seem insignificant can also be relevant.

Certains éléments à première vue insignifiants prennent toute leur valeur.

Elementen die op het eerste gezicht onbelangrijk lijken, kunnen ook relevant zijn.

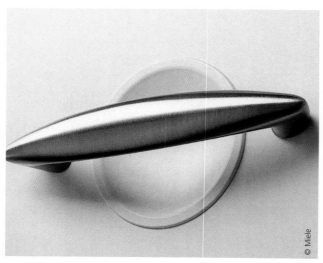

© Miele

© Elmar Cucine

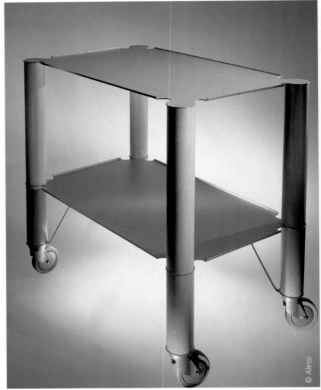

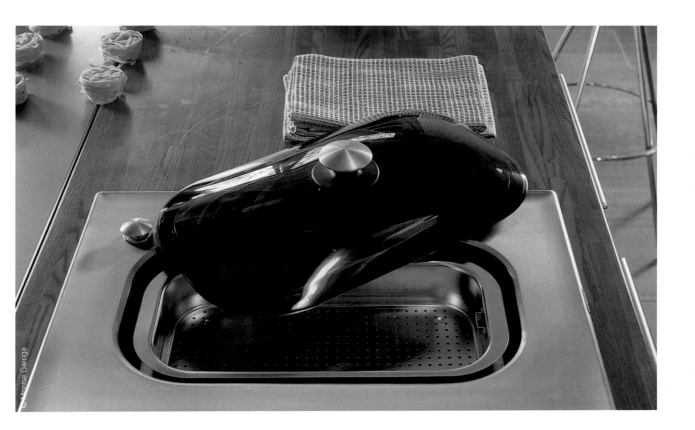

NEIN / NO / NON / NEE

- Zu einem übermäßigen Einsatz dekorativer Gegenstände, die keine Funktion erfüllen und im Wege stehen.
- Zu Platz verschwendenden Elektrogeräten auf der Arbeitsfläche.

- To an excess of decorative complements that serve no useful purpose and get in the way.
- To electrical devices on the worktop, as they will only take up space.

- À une décoration trop chargée, souvent inutile et peu pratique.
  Aux plans de travail encombrés d'appareils électroménagers.

Tegen een overdaad aan decoratieve elementen die geen enkel doel dienen en in de weg staan.
Tegen elektrische apparaten op het werkblad, omdat ze alleen maar ruimte innemen.

JA / YES / OUI / JA

- Zu Büchern und Trockenpflanzen als Deko-Gegenstände. Sie verleihen dem Raum eine persönliche Note und stellen einen Bezug zur Natur her.
- Zu Stahl und Metall für Schrankgriffe. Der Kontrast zwischen den verschiedenen Materialien wirkt sehr elegant.

- To books and dried plants for decoration. They add a personal touch and bring a kitchen close to nature.
- To steel and metal on the handles of closets, because the contrast in materials usually looks very elegant.

- Aux livres et aux fleurs séchées, pour une touche personnelle et naturelle.
- Aux poignées de placard métalliques, pour un effet de contraste élégant.

- Tegen boeken en planten ter decoratie, voor een persoonlijke noot en een keuken dichter bij de natuur.
- Tegen staal en metaal voor de handgrepen van kasten, omdat het contrast in materialen gewoonlijk zeer elegant overkomt.